Feltrinelli**KIDS**

CHIARA FRUGONI
SAN FRANCESCO E LA NOTTE DI NATALE

Illustrazioni di
Felice Feltracco

© Giangiacomo Feltrinelli Editore Milano
Published by arrangement with Marco Vigevani & Associati Agenzia Letteraria
Prima edizione in "Feltrinelli Kids" novembre 2014

Progetto grafico:
Ufficio grafico Feltrinelli

Illustrazioni interne e di copertina: Felice Feltracco

Stampa: Grafiche Busti srl, Colognola ai Colli (VR)

ISBN 978-88-07-92242-8

www.ragazzi.feltrinelli.it
www.feltrinellieditore.it
Libri in uscita, interviste, reading,
commenti e percorsi di lettura.
Aggiornamenti quotidiani

Alla mia mamma Emma

Felice Feltracco

Nella sua capanna in cima al monte
della Verna, Francesco dorme. E sogna.

Sogna un giovanissimo cavaliere
che combatte con un drago terribile.
Il suo corpo è tutto ricoperto di scudi aguzzi
e al posto dei denti ha spade affilate.
Il cavaliere si batte con coraggio,
ma sta avendo la peggio...

...Quando nell'aria si sente un grido:
nel cielo compare un puntino,
poi sempre più grande.
È un falco, che piomba sul drago
e lo fa fuggire!

C'è troppo sole. Il giovane cavaliere socchiude gli occhi, si fa schermo con la mano.

E Francesco si sveglia; sente il grido del falco che si allontana.
"Che strano sogno! Il cavaliere ero io da ragazzo. Il grido era proprio quello del mio amico falco venuto a svegliarmi, come tutte le mattine."

Intanto nel buio è apparsa una lanterna che brilla come un piccolo sole.
"Francesco – dice il compagno – è arrivato Giovanni."

"Ah, sei tu!"
Francesco e Giovanni si abbracciano con gioia, amici da tanti anni.
"Francesco, fra pochi giorni è Natale: verrai da noi a Greccio, per passarlo insieme? Verrai?"
"Volentieri, fratello Giovanni. Però il viaggio è lungo e non cammino più lesto come un tempo. Per fortuna c'è fratello asino. Non voglio che faccia fatica, ma forse mi porterà volentieri ogni tanto, quando proprio sarei costretto a fermarmi."
"Che bello! Manderò avanti mio nipote, a preparare tutto per bene," dice Giovanni.

Quando tutto fu apparecchiato
la piccola compagnia si mise
in cammino.
La strada era lunga,
la temperatura stranamente mite.

Al tramonto si fermarono per riposare
in una piccola chiesa in rovina.
All'improvviso Giovanni esclamò spaventato:
"Francesco! La bisaccia dell'acqua si è rovesciata,
non abbiamo da bere. E all'andata ho visto
che la sorgente qui vicino si è seccata".
Francesco, esausto, si era già assopito. Ma si risvegliò
per consolare l'amico: "Giovanni, tu hai visto, ma non
hai guardato bene. Torna dove era la sorgente e cerca
intorno senza fretta... pianino...".

In quel momento dal bosco spuntarono
due bimbi rincorsi da uno più grande: "Pia!
Nino! È inutile che corriate... Farò prima io...
Vi prendo!". Un attimo, e il gruppetto sparì,
quasi fosse stato un'apparizione.
"Pia... Nino... Cerca pianino... Possibile?"

Giovanni corse là dove erano spuntati i bimbi;
poi si fermò e si mise a cercare. Dopo un poco,
dietro un cespuglio scoprì una sorgente che
gorgogliava lentamente, quasi senza rumore.

Francesco aprì per un momento gli occhi,
guardò verso l'amico che si era allontanato,
e sorrise.

Ormai si era fatta notte. Una notte quieta e mite.
Una lucciola si posò sulla spalla di Francesco.
Una lucciola! D'inverno?

Una lucciola? Tante! Tantissime!
Silenziose si accendevano e spegnevano nel buio.
I frati e Giovanni si misero a rincorrere quelle
stelline svolazzanti; ridevano, urtandosi nel buio.

Al mattino ripartirono contenti.
Anche Francesco era contento,
ma stanchissimo. Ed ecco che l'asino
gli venne vicino e lo urtò con delicatezza
con il suo testone, come a dirgli: "Sali!".
Francesco accettò.

Lungo il cammino, al gruppo si aggiunsero uno dopo l'altro altri amici, del bosco. Giovanni chiese a Francesco: "Perché ti seguono senza paura?".
"Perché sono i miei fratelli. Voglio bene a tutti, anche agli animali; loro lo sanno e si fidano."

Camminarono quasi tutta la giornata. Ormai Greccio era vicina, ma si era fatto di nuovo buio. Le lucciole però continuavano a svolazzare come una leggera sciarpa luminosa guidando la comitiva verso la grotta dove si doveva rappresentare il Natale.

Il nipote di Giovanni aveva portato dalla sua stalla il bue e l'asino e un po' di fieno.

Gli abitanti di Greccio aspettavano impazienti.

Finalmente Francesco e i suoi compagni arrivarono seguiti dagli animali.

Francesco parlò agli abitanti di Greccio,
in modo semplice, come faceva sempre.

"È bello essere qui a festeggiare la nascita
di nostro fratello, il Bambino Gesù nato
a Betlemme.
"È bello essere tutti insieme, con Betlemme
nel cuore.
"Non occorre fare un viaggio fino in Palestina.
Ogni posto è Betlemme, se viviamo volendo
bene a quel piccolo Bambino venuto al mondo
per portare la pace.
"Non dobbiamo avere nemici, tranne uno,
il mostro della guerra. Solo questo mostro
dobbiamo combattere e vincere.

"Per avere la pace bisogna permetterle di crescere dentro di noi. Come? Scambiandoci affetto, anche con piccoli gesti, come il mio amico falco che mi viene a svegliare tutte le mattine con il suo grido.
"Fate in modo che per voi ogni giorno sia Natale, volendovi bene."

Era mezzanotte. Le lucciole si posarono sul fieno formando una piccola nuvola palpitante, come il breve respiro di un neonato.